ÉLÉMENS NATURELS

DE LA

CHRONOLOGIE.

IMPRIMERIE DE FAIN, PLACE DE L'ODÉON.

ÉLÉMENS NATURELS

DE LA

CHRONOLOGIE,

LETTRE

A M. VOLNEY,

DE L'INSTITUT DE FRANCE;

PAR C.-J.-B. BONNIN,

AUTEUR DES PRINCIPES D'ADMINISTRATION PUBLIQUE,
ET DES CONSIDÉRATIONS POLITIQUES ET MORALES SUR LES
CONSTITUTIONS.

A PARIS,

CHEZ TH. DESOER, LIBRAIRE, RUE CHRISTINE, N°. 2.

1820.

ÉLÉMENS NATURELS

DE LA

CHRONOLOGIE.

A MONSIEUR VOLNEY,

DE L'INSTITUT DE FRANCE.

Décembre 1819.

Monsieur,

Vos connaissances profondes en histoire, et les savans écrits dont vous avez enrichi notre patrie, mais plus encore l'esprit philosophique qui vous distingue parmi nos bons écrivains, me font appeler votre jugement sur les observations que je vous soumets, relativement à un *système de chronologie* que je crois indispensable d'adopter maintenant, comme plus conforme à la vérité et à une bonne division de l'histoire dans tous ses temps, que les chronologies consacrées jusqu'ici par l'érudition de routine, mais non établies par l'analyse philosophique. Ce n'est pas pour justifier d'avance une innovation en histoire, parce que, dans l'ouvrage que je vais publier sur notre révolution (1), j'ai suivi une chronologie tout opposée à celle des historiens, que je vous adresse cette lettre, mais dans l'intérêt de la vérité, dont la recherche doit être aujourd'hui le seul moteur et le seul but de ceux qui s'occupent des connaissances humaines. L'objet de ma lettre n'est pas non plus la discussion de quelques points de critique, concernant l'exactitude plus ou moins rigoureuse dans la fixation ou la coïncidence de quelques dates : je me propose ici un point de science plus utile et plus élevé, les *élémens de la chronologie.*

Mes observations ont pour unique objet la nécessité de diviser l'histoire par ses *évènemens principaux* , époques chronologiques naturelles, qu'il convient de suivre désormais dans le récit et dans l'étude des faits historiques, ou autrement la réforme de la chronologie dans ses bases adoptées jusqu'à présent, parce qu'un bon système chronologique, en divisant l'his-

---

(1) Une Histoire de la révolution de France.

toire par les *caractères* dissemblables que ses temps offrent dans leur continuité , jette un grand jour sur la manière d'écrire l'histoire et sur son étude. J'ai pensé que ces observations ne seraient point sans application à la connaissance de l'histoire en général , et en particulier de l'histoire *moderne* , dont elles pourront servir à déterminer exactement la place dans la série chronologique des temps , comme suite dans l'histoire du genre humain.

Sans doute, la chronologie n'est pas plus l'histoire que les noms des lieux ne sont la géographie ; car l'histoire est dans le récit des causes et des résultats des événemens de la vie sociale des nations , comme la géographie est la description géologique des pays , celle de leur climat, de leurs productions, de leurs divisions physiques et politiques. On pourrait savoir tous les faits , toutes les dates , tous les noms des personnages historiques , et n'avoir nulle connaissance de l'histoire, ainsi qu'on pourrait connaître tous les noms des lieux , et ignorer la géographie , quoique des gens qui n'ont que de la mémoire et les esprits superficiels attachent un grand prix à savoir ces choses, dans lesquelles ils font consister la science qu'ils n'ont pas. Mais c'est parce que l'histoire s'appuie sur la *chronologie* , pour la division des temps par époques, pour l'ordre et la date des événemens, qu'il importe de bien ordonner la chronologie , afin de bien classer les *époques* de l'histoire générale, conséquemment le rapport de l'histoire de chaque peuple à ces époques. Il serait donc impossible de ne point reconnaître tous les avantages, pour l'étude de l'histoire, d'une chronologie établie sur ses véritables bases , et bien faite dans ses divisions.

Aucun temps ne fut plus favorable pour traiter cette matière par l'analyse philosophique , afin d'avoir une connaissance exacte de la division des temps appliquée à l'histoire , et pour employer cette analyse à la rectification des systèmes adoptés en chronologie et à la fixation de la chronologie sur ses bases naturelles , que présentement , qu'un nouveau monde politique et intellectuel a commencé pour les nations de l'Europe et de l'Amérique, et que l'histoire du genre humain est désormais partagée en deux grandes périodes : les temps *anciens* et les temps *modernes*.

Pour n'avoir pas considéré que l'histoire de chaque peuple n'est qu'un *chapitre* de l'histoire du genre humain , les peuples n'étant que des familles de la société humaine ; que les *temps* sont enchaînés les uns aux autres, et se suivent comme conséquences essentielles et nécessaires,

parce que le temps est infini dans sa continuité;
que les *événemens* qui influent dans un même
temps sur les nations , par rapport à leur système social , à leurs mœurs et à leur intelligence, forment les époques naturelles de l'histoire générale et particulière : conséquemment,
pour n'avoir pas conçu l'histoire dans son *carac-*
tère d'ensemble , de continuité et d'événemens,
et dans ses *divisions* exactes par temps ou époques, la chronologie a été un vaste champ
ouvert à tous les systèmes chronologiques.

Les historiens d'abord, puis les écrivains
qui traitèrent spécialement de la chronologie ,
ont divisé les temps sans examen philosophique
de la nature des événemens qu'ils prenaient
pour base des époques dans l'histoire , et non
d'après l'idée si simple des événemens qui donnèrent une face nouvelle à une partie des nations connues. Les uns , et ce fut le plus grand
nombre , soumettant à leur système de chronologie particulière d'un peuple la chronologie
d'autres peuples contemporains , prirent dans
cette chronologie , non l'événement mémorable qui influa sur le sort des autres nations ,
mais l'époque du commencement de ce peuple
(telles la fondation des états de la Grèce ou la
fondation de Rome), pour époque détermi-
nante de division chronologique dans l'histoire

générale. Cette base, si peu philosophique comme base de chronologie universelle, n'est en effet applicable qu'à la chronologie du peuple dont elle date l'histoire ; car ce n'est pas parce qu'un peuple commence, que sa fondation peut faire époque pour le reste du genre humain ; mais, dans le cours de son existence, s'il a influé par ses événemens sur les autres peuples ; de même que ce n'est pas la naissance d'un citoyen qui fait époque dans la république, ni même sa vie comme individu, mais l'âge où il illustre sa patrie en s'illustrant lui-même. D'autres, semblables en cela aux historiens des vies des hommes célébres, qui isolent leurs personnages du théâtre de leurs actions dans l'histoire et de la place que l'ordre des temps leur y assigne, se faisant une chronologie particulière pour l'histoire qu'ils écrivaient, et sans harmonie avec la chronologie générale, ajoutèrent encore à la confusion qui existait dans l'histoire. Enfin, les historiens des nations européennes, les moins sensés de tous, ont établi la chronologie de ces nations, et même celle universelle, d'après l'époque de la naissance du christianisme, quoique la religion chrétienne ne fut adoptée et généralement reconnue des nouveaux peuples de l'Europe, que cinq à six siècles après l'époque où l'on fixe son origine, et quoi-

que le christianisme ne soit, même aujour-
d'hui, la religion que d'une faible partie du
genre humain. Dans les différentes chronologies que nous suivons, il y a donc erreurs
manifestes dans la manière de diviser et de
compter les temps par époques principales,
conséquemment, par rapport aux événemens
de l'histoire générale et de chaque peuple en
particulier ; et les historiens et les chronologistes s'étant fait des bases purement arbitrai-
res, quelles que furent ces bases, comme elles
ne coïncidaient pas avec les événemens qui
avaient changé la vie politique des nations,
véritables époques chronologiques de l'histoire,
il en est résulté un désordre qui vient moins,
ainsi qu'on le croit encore, des différentes ma-
nières de compter la durée de l'année chez les
peuples, que des bases mêmes qu'ils s'étaient
faites.

Quoique les observations astronomiques,
appliquées aux calculs de l'année civile chez les
différens peuples, n'aient point été pour l'ordinaire suivies rigoureusement, et quoiqu'il
soit avéré que la connaissance des révolutions
sidérales n'ait point été précise chez le plus
grand nombre des nations de l'antiquité, dont
seulement quelques-unes connurent la précession des équinoxes, il n'est pas moins exact de

dire que ce ne fut pas la différence dans la fixation de la longueur de l'année civile, qui a causé les erreurs chronologiques dans la fixation et le classement des événemens comme époques ; car les erreurs des historiens et des chronologistes ne proviendraient seulement alors que d'erreurs de calcul dans la coïncidence d'événemens à peu près contemporains, mais que ce fut réellement le point de départ qu'ils prirent, c'est-à-dire, la nature des événemens qu'ils avaient choisis pour bases des époques de l'histoire, et les périodes qu'ils avaient conséquemment établies d'après ces bases ou époques.

Sans doute, il est incontestablement prouvé que la précession des équinoxes a fait varier le mode de calculer le temps, et que la connaissance imparfaite du cours du soleil et de la lune a fait diviser et subdiviser arbitrairement l'année civile chez beaucoup de peuples, qui, le plus ordinairement, ne suivirent à cet égard que l'usage établi chez d'autres nations. Mais, ne nous le dissimulons pas, la cause première des faux systèmes chronologiques vient, comme les erreurs primitives en histoire, en politique, en moral, en physique, des religions des peuples. Eh ! quels maux n'ont-elles pas causés aux hommes, en détournant l'intelligence de la recherche de la vérité! Le bon sens examine et juge, l'ignorance croit : le bon sens n'admet pour vérité que ce qui est dans l'ordre naturel des choses; l'ignorance adopte et reconnaît pour vérité ce qui est contraire aux lois de la nature, par cela que le faux n'existe que dans l'imagination. En ce sens, l'ignorance est spiritualiste, et le bon sens est matérialiste.

D'après le rapport sous lequel je considère ici la chronologie, c'est-à-dire, dans sa base et dans ses élémens, ce ne sont point, je le répète, les erreurs des historiens et des chronologistes sur la coïncidence plus ou moins exacte des événemens, et sur les durées relatives des nations, que j'ai en vue, mais les événemens qu'ils adoptèrent pour base chronologique des divisions de l'histoire par époques.

Les historiens, et à leur exemple les faiseurs de chronologie, ont aussi abusé des divisions par époques, en multipliant sans fondement les époques, ainsi qu'on a reproché avec raison aux naturalistes, aux botanistes et aux minéralogistes de trop diviser les classifications par espèces, genres et familles dans leurs nomenclatures. De ce que les divisions en chronologie, de même que les classifications dans les sciences naturelles, appartiennent à la faiblesse de l'esprit, qui, ne pouvant embrasser à la fois beau-

coup de faits et en saisir de suite la continuité,
a besoin de jalons qui le dirigent dans le travail de la mémoire, et qui lui servent de points
de remarques pour reconnaître les dissemblan-
ces, il ne fallait pas sans doute les rejeter,
puisqu'elles devaient servir à ordonner les événemens, à mieux en faire apprécier la liaison,
les rapports, les différences et les similitudes ;
mais aussi éviter deux écueils, ou de trop mor-
celer les divisions chronologiques, c'est-à-dire,
de faire des divisions quand la nature des événemens ne le comportait pas, ce qui rompait
alors la chaîne des faits qui étaient une suite
naturelle et forcée les uns des autres, et ce qui
en effaçait le caractère ; ou bien de ne point
grouper les faits, ni ordonner les événemens
sous des divisions qui les classassent nettement
dans l'esprit, en lui faisant juger de suite les
points caractéristiques de l'histoire à ses âges,
et en lui indiquant la différence essentielle qui
était entre eux : reproche que partagent même
de bons écrivains, pour n'avoir pas évité, dans
les divisions de leurs ouvrages, l'un ou l'autre
de ces écueils, en quoi leurs livres sont fati-
gans pour l'étude.

Il en est du genre humain et de chaque peuple, comme de l'homme, que les médecins divisent par âges, parce qu'ils ont reconnu que,

dans le cours de l'existence de l'homme, il est
en lui des causes notables qui le rendent diffé-
rent de lui-même. Le genre humain et chaque
peuple ont également leurs âges ou phases ;
mais les chronologies connues qui marquent
ces âges ou phases sont fausses, parce que les
historiens et les chronologistes n'ont pas su
saisir les traits caractéristiques des temps qui
déterminent ces âges : ils ont agi en cela
comme le médecin qui attribuerait à un âge ce
qui est d'un autre âge.

L'esprit philosophique doit seul diriger maintenant les travaux de l'intelligence. Portons
donc le flambeau de l'analyse dans l'examen des
principes qni constituent la chronologie, afin
de l'établir irrévocablement sur sa *base naturelle.*

C'est dans la *connaissance* même de l'histoire
qu'il faut chercher les principes constitutifs de
la chronologie : autrement, il serait impossible, non-seulement d'établir la chronologie
sur sa base naturelle, mais encore de ne point
tomber dans l'arbitraire des divisions.

Les *caractères* différens que l'histoire du
genre humain offre dans la succession des
temps seront cette base, puisqu'ils sont la règle
naturelle pour en séparer les temps par époques, et la seule mesure à employer pour y

parvenir. Quel est, en effet, l'objet de la chronologie ? de diviser les temps de l'histoire par époques, d'après les *événemens les plus importans* que l'histoire signale dans ses récits, et d'en assigner les dates dans l'ordre des temps, pour constater les *époques* de l'histoire et sa division par *périodes*. Ce seront donc les *dates* des événemens les plus importans de l'histoire, prise dans sa généralité comme suite non interrompue des temps (applicable ainsi à l'histoire générale des nations ou à l'histoire particulière d'un peuple), qui constitueront la *chronologie* , et la chronologie sera le recueil de ces dates. Quand, au contraire, la chronologie se propose non l'examen des faits qu'il faut conserver ou rejeter comme époques, mais de la fixation des dates ; et quand elle se propose non l'examen de l'importance des événemens à cet égard , mais des dates qu'il convient de rectifier pour les faire coïncider dans leur application à l'histoire des peuples contemporains, la chronologie est une science d'érudition , et elle n'est plus une simple mesure des temps, un simple recueil d'époques. Pour cette partie scientifique de la chronologie, vous avez donné, monsieur, un modèle de critique dans vos savantes *Recherches nouvelles sur l'Histoire ancienne.*

Ce sont donc les *dates* des événemens les plus importans, qui fixent naturellement les *époques* chronologiques de l'histoire, et les espaces compris entre ces dates, qui forment les *périodes* ou durées des époques. Les époques sont ainsi les temps marqués dans l'histoire par de grands événemens, qui ont influé directement ou indirectement sur toutes ou majeure partie des nations connues alors : les considérer autrement, c'est dénaturer l'idée que les époques offrent d'elles-mêmes à l'esprit ; les périodes sont ainsi les espaces compris d'une époque à une autre époque. Les époques sont à l'histoire, ce que sont les divisions d'un écrit par livres ou par chapitres, un moyen de classification des faits, et ne sont également que des divisions en histoire.

Appliquons ces premières vérités à l'histoire universelle, afin de déterminer les événemens qu'il convient de prendre pour époques principales dans l'histoire ; car ce n'est que de cette manière que l'on pourra parvenir à rectifier la chronologie, en l'établissant sur ses vrais principes, et même à appliquer ces principes aux temps *modernes*.

Mais comme l'histoire des nations qui ont existé antérieurement aux cinq mille ans où seulement nous pouvons remonter dans l'antiquité, ne nous est point parvenue ; conséquemment, comme nous ignorons les temps premiers des nations les plus anciennes connues, temps également antérieurs à l'époque où nous commençons à avoir quelque connaissance des faits historiques du genre humain, quelles que furent les causes physiques ou politiques de ce silence absolu, partons de cette époque pour établir l'*ordre* et les *divisions chronologiques*, d'après ce que nous savons de l'histoire des nations de l'antiquité dont les annales nous ont été transmises, du moins en partie. Négligeant donc les temps inconnus de l'histoire, qu'il nous sera même à jamais impossible de savoir faute de monumens, ne datons que des temps à peu près certains, mais comme suite des temps que nous ignorons, non comme le commencement des choses ; car vouloir donner ces temps pour le commencement de ce qui fut, et prétendre partir d'un commencement du monde pour fixer les premières dates de l'histoire, serait vouloir faire naître la lumière des ténèbres, la vérité du mensonge. La physique, même le simple bon sens, démentent un commencement du monde, et les origines que les auteurs de toutes les religions lui donnèrent. Ce n'est jamais sur l'erreur qu'on peut enter la vérité. Si le monde avait pu avoir un commencement, ce commencement nous serait attesté par des faits irrécusables, sinon en histoire, du moins en physique. Sans doute, la terre que nous habitons n'est pas toujours restée la même : des modifications insensibles, des révolutions subites l'ont plusieurs fois changée en partie, mais ces changemens tenaient aux lois fondamentales de la nature, qui tendent toujours à la conservation ; car, si rien ne peut produire, rien aussi ne se perd.

Consultons maintenant les annales du genre humain pour chercher ces grands événemens qui sont les *époques naturelles* de l'histoire, et comme telles, le type de la division des temps en chronologie.

Les temps les plus anciens connus de l'antiquité nous présentent d'abord, dans une *première période* de plus de deux mille ans, la plus grande partie des peuples ayant déjà perdu leur indépendance primitive ; le despotisme des rois établi chez les Égyptiens et les Éthiopiens en Afrique ; chez les Assyriens, les Perses, les Mèdes, et dans toutes les contrées de l'Asie ; chez les petites nations qui habitaient la Grèce, l'Italie, la Thessalie, l'Illyrie, la Macédoine et la Thrace en Europe. Nous y voyons, avec la royauté, régner le despotisme sur presque tous les peuples, et former le caractère de ces premiers siècles connus, jusqu'au temps où les Grecs, peuples plus heureusement organisés, chassèrent les rois de leurs villes, établirent chez eux la liberté publique, rendirent en leurs personnes sa dignité à l'homme par le régime républicain, et firent naître, avec la liberté, les sciences et les arts, dont leurs fondateurs avaient apporté la première idée de l'Égypte, et de l'Inde en Asie.

La fondation des républiques de la Grèce et la culture des sciences et des arts par ses peuples furent, dans ces premiers temps, de grands événemens, qui y fixent une *première époque*, en ce que ces événemens agirent sur une partie des peuples de l'Europe et de l'Asie mineure, et parce que, changeant le système social, et donnant une grande impulsion au développement de la raison, ils exercèrent alors, et sur les peuples venus postérieurement, une influence que les révolutions politiques n'ont pu anéantir. Ces événemens formèrent ainsi, avec une époque nouvelle, une *seconde période*, qui fut le second âge du genre humain dans l'histoire de l'antiquité.

Pendant cette seconde période, qui dura plus de mille ans et finit avec la république romaine, on voit le peuple romain naître, grandir, s'élever; et, après plusieurs siècles d'existence, transformer en provinces romaines presque tout le monde connu, à peu près à cette même époque où leur république cessa.

Mais une fois maîtres d'une grande partie de la terre, à laquelle ils donnèrent leur civilisation, les Romains perdirent leur liberté avec les vertus qui leur avaient valu l'empire du monde, et passèrent de la république sous la domination des empereurs. En changeant la face de l'univers, cet événement marqua une *seconde époque*, et une *troisième période*, qui fut le troisième âge de l'antiquité.

Durant cette troisième période de l'histoire du genre humain, on voit le génie des Romains pour la guerre survivre d'abord à leurs vertus; et leurs dominateurs, conservant le goût guerrier de Rome, refouler, pendant deux cent cinquante ans, les nations barbares vers le Nord, où les Romains les acculèrent, et chasser leurs hordes éparses. On voit ensuite les barbares, accumulés au Nord, gênés par l'espace et pour leur subsistance, invités par la faiblesse de l'empire, sortir par essaims de leurs retraites, franchir les barrières placées par les Romains, exercer à leur tour une réaction terrible; et, pendant deux cent cinquante ans envahir l'empire, le ravager, s'y établir, y fonder ou être cause de la fondation des peuples actuels de l'Europe:

événement qui changea encore une fois la face du monde, termina, après une période de cinq cents ans, les temps de *l'antiquité* dans l'histoire connue du genre humain, et qui commença les temps *anciens* de l'Europe.

Il ne faut pas se dissimuler cependant que nos connaissances historiques sont peu étendues, et qu'elles se bornent à l'histoire d'une partie du genre humain : ce qui vous a fait dire, monsieur, avec tant de raison, dans vos philosophiques *Leçons d'histoire* à l'école normale : « L'on s'est trop pressé de faire des his- » toires universelles ; l'on n'a voulu voir que » l'Égypte, la Grèce et l'Italie, comme si l'u- » nivers était dans ce petit espace, et comme si » l'histoire de ces petits peuples était autre » chose qu'un faible et tardif rameau de l'his- » toire de toute l'espèce. » Mais lors même que nous parviendrions à connaître les peuples contemporains des Égyptiens, des Éthiopiens, des Assyriens, des Perses, des Grecs, des Romains, des Carthaginois, des Hébrenx, des Arméniens, des Scythes, des Tyriens, des Siciliens, des Phéniciens, des Phrygiens, et que des recherches plus philosophiques nous en révéleraient les faits, ces nouvelles connaissances en histoire ne détruiraient pas les bases que je donne à la chronologie dans ces observations ;

car, si elles devaient changer ces bases quant aux événemens que j'ai pris pour époques, elles ne pourraient que confirmer les principes sur lesquels je les ai établies, dans la manière de considérer les nations les *membres de la famille du genre humain*, dans la nécessité de prendre de *grands événemens* pour dates des époques ; et ces bases resteraient toujours les mêmes, quant à la division de l'histoire, en temps de l'*antiquité*, en temps *anciens* et en temps *modernes*.

En examinant les temps de l'histoire ancienne de l'Europe, nous trouvons, dans l'établissement des barbares, une *troisième époque*. Pendant les mille ans qu'embrasse la *première* partie de cette *quatrième période* des annales du genre humain, devenues histoire ancienne, en ordre avec les temps de l'antiquité et en opposition aux temps présentement modernes, nous voyons chez tous les peuples européens la continuité insipide et monotone de guerres de destruction sans but politique et sans avantages pour l'humanité ; la féodalité s'établir avec l'anarchie de la noblesse ; la puissance colossale des prêtres catholiques dominer les nations chrétiennes par la superstition et le fanatisme ; l'imbécillité, la férocité ou l'indolence des rois ; l'établissement de quelques républiques féodales ; l'extinction de toute instruction dans les hommes ; les guerres insensées des croisades ; la violence et la force substituées au droit de la raison ; la chevalerie allier la galanterie à la dévotion et joindre la débauche à la dureté des mœurs ; le mahométisme ajouter ses fureurs à celles du christianisme et accroître les maux de l'humanité ; l'absence de toute législation ; et les peuples, dans leur intérieur et dans leurs relations au dehors, gouvernés par la violence, l'arbitraire et la mauvaise foi ; enfin, des affranchissemens partiels, la découverte de la boussole et de la poudre à canon, quelques voyages maritimes, être l'annonce du jour qui dissipera les ténèbres de la barbarie, être les premiers événemens qui retireront les peuples de leur double servitude politique et religieuse.

Nous voyons ensuite l'invention de l'imprimerie et la découverte de l'Amérique, découvertes si importantes en elles-mêmes, événemens plus grands que tout ce qu'avait encore offert l'histoire, montrer un monde nouveau dans les annales du genre humain. L'histoire cessa d'être alors fastidieuse et rebutante ; les événemens présentèrent des causes nouvelles, et ces causes eurent des résultats sans exemple et inattendus : les faits ne furent plus sans intérêt pour la réflexion et l'instruction. Une révolution s'opéra dans l'intelligence , et les efforts de quelques nations pour parvenir à un meilleur ordre de choses, produisirent une agitation commune, qui amena insensiblement une amélioration dans les mœurs , la police et les opinions, qui appela à la culture des sciences et des arts , qui créa l'industrie et le commerce, et qui donna aux hommes un premier sentiment de leurs droits , et une nouvelle face aux nations européennes. Ces événemens furent les traits caractéristiques des trois siècles de la *seconde* partie ou deuxième ère de la *quatrième période* de l'histoire des temps *anciens* , qu'ils finirent.

Ainsi , dans le *premier* siècle (5e. selon les historiens) , les hordes celtiques , gothiques et scythiques détruisirent entièrement l'empire romain d'Occident, et formèrent des établissemens en Europe et en Afrique. Dans le *second* siècle (6e), après avoir tout renversé devant elles, elles s'agitèrent en tous sens pour s'établir, et plusieurs nations se formèrent. Au *troisième* siècle (7e.) , les Sarrasins conquirent tout l'Orient , et pénétrèrent jusqu'en France dans l'Occident. Les Français étendirent leurs conquêtes sous Charlemagne dans le *quatrième* siècle (8e.), et fondèrent un second empire d'Occident. Mais , au *cinquième* siècle (9e.), cet empire fut démembré, et la plupart des états actuels furent formés de ses débris. Dans le *sixième* siècle (10°.), l'ignorance, la superstition et la barbarie couvrirent toute l'Europe. Au *septième* siècle (11e.), la féodalité s'établit dans tous les pays, et la chevalerie prit naissance. Dans le cours des *huitième* et *neuvième* siècles (12e. et 13e.), les croisades appauvrirent et dépeuplèrent l'Europe : elles produisirent l'abaissement des grands vassaux et l'élévation des rois, et préparèrent pour les peuples une police plus régulière et plus tranquille. La boussole et la poudre à canon découvertes dans le *dixième* siècle (14e.), furent la première aurore des nouvelles destinées du genre humain. L'invention de l'imprimerie et la découverte de l'Amérique, les plus grands événemens qui aient honoré les annales des nations, illustrèrent à jamais le *onzième* siècle (15e.), qui se recommanda par un mouvement général dans les esprits, et par de fameux voyages maritimes. Les troubles religieux signalèrent le *douzième* siècle (16e.), qui vit briller les arts et produisit dans les sciences des génies novateurs et hardis. Les lettres, la poésie et l'éloquence distinguèrent le *treizième* siècle (17e.). Le *quatorzième* siècle (18e.) fut le siècle des systèmes philosophiques, des premiers momens de la

maturité de la raison, et d'une revolution morale dans la plupart des nations européennes.
Les dernières années du *quatorzième* siècle
(fin du 18ᵉ. et commencement du 19ᵉ.) furent
marquées par l'indépendance des États-Unis
d'Amérique et la révolution de France, qui
ont commencé la *révolution politique des nations de l'Europe et de l'Amérique*, et par elle
l'*ère* des peuples et de la raison.

L'indépendance des États-Unis d'Amérique
et la révolution de France commencèrent,
dans l'histoire du genre humain, une nouvelle
ère, qui fut son *âge moderne.* Les avantages
dus à la découverte de l'imprimerie et de l'A-
mérique reçurent leurs développemens, et s'ac-
complit la révolution que leur découverte avait
commencée. Une *quatrième époque* marqua
alors, avec une nouvelle histoire dans les annales du genre humain et avec le troisième
âge de l'Europe, *l'histoire nationale des peuples
et les temps de la raison.*

On trouve, dans les temps que cette *ère moderne* à déjà embrassés, trois époques secondaires distinctes, conséquemment trois périodes.

La *première époque,* renfermant une période
de treize ans, depuis la déclaration de l'indépendance des États-Unis d'Amérique (*première*

année de l'histoire moderne) jusqu'à la révolution de France, comprend les guerres de l'indépendance des États-Unis, qui commencèrent l'affranchissement des Américains ; les premières constitutions, les troubles de la Hollande et de la Belgique , et l'accomplissement en France de la révolution morale opérée dans les esprits par les principes et les systèmes des philosophes du dernier siècle de l'histoire ancienne sur l'ordre social et dans la recherche de la vérité , devenus des dogmes politiques pour les Français.

La *seconde époque*, depuis la révolution de France (*treizième année* de l'histoire moderne), qui commença la révolution de l'Europe , embrasse une période de vingt-six années, qui se divise naturellement en deux parties : la première , depuis l'assemblée constituante jusqu'au temps de l'empire ; et la seconde, depuis ces temps jusqu'à l'irruption de la ligue européenne en France. La *première* partie de cette période, qui dura quinze ans , comprend les temps de l'assemblée constituante , de l'assemblée législative , de la convention nationale, du directoire et du consulat : autrement, les temps de la royauté constitutionnelle , de la république , des premières constitutions en Europe , des premières guerres de la liberté , du changement politique de la Belgique, de la Hollande, du nord de l'Italie, de la Suisse; les temps des républiques, du dernier partage de la Pologne, des sciences sociales et physiques, des arts et de l'industrie. La *deuxième* partie de cette période, qui dura onze ans, comprend les temps de l'empire, de ses guerres lointaines et de son système fédératif; des grandes réunions de peuples à la France, de l'érection de nouveaux royaumes, de la suppression des anciennes républiques, du nouveau système politique en Allemagne, en Italie, en Espagne, en Pologne, en Portugal, en Suède; des premières monarchies constitutionnelles en Europe, des envahissemens des Anglais dans les grandes Indes, de la fondation d'un royaume au Brésil, et des premières guerres de l'indépendance de l'Amérique espagnole.

Les temps que ces vingt-six années embrassent, offrent en effet deux caractères distincts : d'abord l'élan des Français, et de quelques peuples à leur exemple, vers la liberté et la conquête des droits naturels des sociétés, qui appelle les nations au système des républiques et à la liberté; ensuite cet élan remplacé en France par la passion de la gloire et l'enthousiasme des conquêtes, qui, donnant à la politique une autre direction, précipitent la chute d'anciennes monarchies, fondent de nouveaux royaumes au détriment des républiques établies, et ramènent les nations au gouvernement des rois.

La *troisième époque* datera du second envahissement de la France, ou fin de l'empire (*trente-neuvième année* de l'histoire moderne). On y remarque déjà le rétablissement d'anciennes dynasties ; l'alliance entre les rois, qui fonde pour eux seuls un système de garantie intérieure et extérieure ; la puissance de l'opinion, et la tendance des peuples au régime constitutionnel et à la liberté ; l'établissement de ce régime dans une partie de l'Europe, et l'accomplissement de l'indépendance de l'Amérique espagnole.

Les raisons qui me font considérer les temps depuis l'indépendance des États-Unis et la révolution de France, comme commençant une *histoire nouvelle* dans les annales du genre humain, ne vous échapperont pas sans doute, monsieur. En effet, ces deux grands événemens offrent une dissemblance totale avec tous les temps antérieurs ; mais encore ils seront les causes génératrices des nouvelles destinées du monde : tôt ou tard leur influence se fera sentir et aura des effets directs sur les nations. Les peuples, éclairés sur leurs droits, se réuniront par des lois et des institutions communes; et ce qui distinguera essentielle- ment les temps modernes des temps antérieurs à ces deux mémorables révolutions , c'est que ceux-ci seront les temps des *peuples* , et que les temps antérieurs furent les temps des rois. Ces choses seront les résultats naturels et inévi- tables des révolutions d'Amérique et de France, dont les causes *premières* et *morales* furent , durant les trois siècles du second âge de l'his- toire ancienne , l'imprimerie , la découverte du nouveau monde , le luthérianisme , la renais- sance et la culture des sciences et des arts , le développement progressif de la raison , les lu- mières plus communément répandues , une instruction plus générale : dont les causes *pro- chaines* , *déterminantes* et *directes* , furent pour l'Amérique , les persécutions pour opi- nions religieuses , la cupidité et l'ambition mercantile de l'Angleterre , son despotisme maritime ; et pour la France , la dilapidation des revenus publics, des impôts odieux et vexa- toires , le vide du trésor , le despotisme mini- stériel et la corruption des derniers règnes , l'ébranlement du pouvoir absolu ; enfin , la *volonté* de deux peuples éclairés , mais fatigués, d'être régis par leurs lois , et d'avoir un gou- vernement national.

Voilà, monsieur, je crois, les bases qu'il convient de prendre, les points d'où il faut partir et où il faut s'arrêter, pour établir en chronologie les *époques* de l'histoire ; car les événemens qui ont donné une face nouvelle aux nations furent les *révolutions* du genre humain. Les temps de durée de ces époques forment naturellement les espaces ou périodes des temps, comme les temps où ces révolutions se firent, fixent les époques chronologiques de l'histoire. Ces bases sont vraies, exactes, naturelles, et surtout conformes à ce que nous savons de la continuité des temps dans l'histoire, qu'il ne faut pas oublier être les annales du genre humain, conséquemment sans interruption. Ces bases renversent, il est vrai, les chronologies adoptées ; mais ce ne pourrait être présentement une raison pour ne les point reconnaître et ne les point suivre. La nomenclature nouvelle des chimistes français renversait aussi les nomenclatures chimiques établies ; et cependant on en a reconnu généralement la bonté et la nécessité, et elle est maintenant la seule que suivent et professent les chimistes de tous les pays.

Si ces bases, si évidentes et si simples, n'ont pas été prises par les historiens ; et, s'il existe tant de systèmes dans les calculs chronologiques, on le doit autant à la marche graduelle,

mais naturelle de l'intelligence, qu'à cette paresse de l'esprit qui fait adopter sans examen
ce qui est fait ou ce qui a été dit : c'est ainsi que
l'esprit d'imitation et l'érudition sans choix
sont le produit de l'irréflexion et de la paresse,
car il n'y a aucun effort de jugement à suivre
ou à adopter ce qui est, et la recherche de la
vérité veut le travail de l'intelligence. On examine d'abord un fait, on croit le bien voir, et
l'esprit, flatté de sa découverte, s'en empare,
mais le dénature faute de le bien saisir tel qu'il
est, et de savoir le considérer dans son essence
et dans ses rapports. Bientôt il en veut juger
par abstraction ; et, prenant alors les illusions
de l'imagination pour la réalité, il tire de ce
fait des principes qui y sont entièrement étran-
gers, et des conséquences qui n'en ressortent
nullement. Satisfait des aperçus qu'il croit y
voir, ses erreurs lui paraissent des vérités, et
ses jugemens, sagacité, pénétration. Perdant
ainsi de vue le fait primitif, il suit l'image qu'il
s'est créée, et il tombe dans les écarts du jugement égaré ; car, à peine l'homme croit connaître, il est présomptueux de ses conceptions,
orgueilleux de son savoir ; et cette présomption
et cet orgueil lui font bientôt quitter la route
de l'évidence, qui seule peut conduire à la vérité. Il abandonne alors les faits pour les théories

de son imagination , parce qu'il est plus flatté de ce qu'il crée, que de ce qu'il voit et de ce qui est. Une fois qu'il a perdu de vue la vérité , il n'en poursuit l'ombre qu'avec plus d'ardeur , parce que cette ombre est son ouvrage, et qu'il peut lui donner telle forme qu'il lui plaît. Il quitte alors la voie de la vérité , voie rude et âpre , pour celle de l'imagination , voie riante et fleurie , mais qui ne mène qu'à l'erreur sans le jugement. Les premières découvertes excitent la curiosité des écrivains postérieurs, qui y ajoutent trop souvent leurs propres erreurs, et les erreurs se perpétuent ainsi comme des vérités. Ce n'est qu'avec le temps que l'esprit, revenant sur lui-même, et dégagé des illusions des premières découvertes, remonte à la cause des faits, la cherche, et lui assigne ses vrais principes. Ce qui est ni vrai , ni évident , ni conforme à l'ordre naturel des choses, n'a plus d'empire sur lui ; ce qui n'est point fondé sur les faits et une conséquence nécessaire des faits, n'est plus pour lui qu'hypothétique.

Appliquant donc ces principes féconds en conséquences justes, parce qu'ils sont naturels et simples, nous voyons, sans que les temps cessent de former une chaîne non interrompue de continuité dans leur succession, que l'histoire est naturellement divisée aujourd'hui en trois parties principales : les temps de *l'antiquité*, les temps *anciens* et les temps *modernes*, et que ces trois âgés du genre humain sont compris dans les deux grandes périodes qui partagent à jamais l'histoire en *histoire ancienne* et en *histoire moderne*, ces deux périodes présentant deux mondes totalement dissemblables au récit et à l'étude de l'histoire.

En effet, si l'on embrasse par la pensée l'histoire du genre humain dans sa continuité de temps, c'est-à-dire, depuis les peuples les plus anciens connus jusqu'aux temps présens, on y reconnaît sans doute de ces grands événemens qui sont autant de points historiques, pour la diviser par époques, pour en calculer les périodes, et pour classer les faits contemporains ; car, dans l'examen même de la nature de chacun de ces événemens et de leurs traits caractéristiques, par l'influence qu'ils ont eue sur les nations durant leurs périodes plus ou moins longues, l'esprit, porté naturellement à fixer leurs différences, établit ces événemens par époques, avec plus ou moins de précision et de justesse. Mais si dans le cours de cet examen, l'esprit découvre un événement qui fasse dans le monde connu un monde entièrement nouveau, un événement sans exemple dans les temps antérieurs, alors il reconnaîtra que l'histoire se partage naturellement en deux parties, telle importance qu'il ait précédemment reconnue aux événemens qui l'avaient frappé.

Cet événement existe, et une grande et mémorable époque divise présentement l'histoire du genre humain en *deux périodes* à jamais dissemblables dans la nature et le caractère des temps qu'elles embrassent : 1°. tous les temps anciens jusqu'à l'indépendance des États-Unis d'Amérique et à la révolution de France ; 2°. depuis ces deux événemens, qui sont la ligne de séparation de l'histoire, et l'époque où commence *l'histoire moderne.*

Les temps antérieurs à cette grande époque historique offrent sans doute des événemens bien importans dans les annales du genre humain. La fondation des républiques en Grèce, dans ses colonies d'Asie, et ses temps philosophiques ; l'établissement des Romains dans une grande partie des contrées connues, par l'incorporation de leurs cités à leur république ; la formation des nations actuelles par suite des envahissemens des hordes nomades du Nord, de leur établissement, et du déplacement des anciens peuples de l'Europe ; mais principalement la découverte de l'imprimerie, invention admirable qui donna aux nations une physionomie tout autre, événement sans comparaison avec les plus grands événemens qui avaient signalé les temps précédens et le plus influé sur l'amélioration de l'espèce humaine ; époque qui serait restée la ligne de séparation des temps en histoire ancienne et moderne, si la *révolution présente des peuples d'Europe et d'Amérique*, dont les temps que cette époque embrasse ont été le moteur, comme cette révolution l'est et le sera des destinées de l'univers par l'empire de la liberté et de la raison, furent de grands événemens par l'influence qu'ils eurent durant plus de cinquante siècles sur les destinées des nations, dont ils partagèrent l'histoire en quatre époques naturelles ; toutefois ces événemens ne sauraient être comparés aux temps présens ou *modernes*, qui ont pour fondement la volonté des peuples produite par les lumières et la maturité de la raison.

En effet, pourrait-on nier que l'*histoire moderne* offre de grands exemples à la méditation, pour l'étude de la politique et de l'esprit humain ; aux peuples, de graves leçons pour se rendre et se conserver libres, et que l'on chercherait vainement de tels exemples et de telles leçons dans l'étude des temps anciens ? Qu'elle soit donc l'instruction première de la jeunesse, comme elle ne doit cesser d'être la leçon des contemporains.

Si donc, la fondation des républiques de la Grèce, la domination des Romains sur la plus grande partie de la terre connue alors, la formation des peuples actuels par suite de l'établissement en Europe de nations nomades du Nord, la découverte de l'imprimerie et de l'Amérique, furent les événemens les plus marquans des cinquante siècles du genre humain, dont ils partagèrent l'histoire en ses quatre divisions naturelles ou époques ; et si chacun de ces événemens influa sur les destinées des nations, aucun d'eux cependant, à l'exception de la découverte de l'imprimerie et de l'Amérique, qui, par la direction qu'elle imprima aux esprits, prépara les destinées futures des peuples, ne laissa de traces durables et directes, parce qu'ils n'avaient point eu leur fondement dans le développement de la raison, dans des moyens impérissables d'en conserver les progrès, et dans la facilité de l'instruction pour tous les peuples. Différens dans leurs causes, ces événemens eurent des résultats également différens, et dont la durée dépendit d'événemens secondaires qui en effacèrent toujours les causes premières.

Ainsi, le despotisme violent des petits rois de la Grèce avait fait abolir la royauté ; mais les républiques que les Grecs établirent, conservèrent l'esprit monarchique dans le partage des citoyens en deux classes, dans le maintien de l'esclavage et de l'aristocratie ; et, si quelques philosophes cherchèrent alors les vérités applicables à l'ordre social, la liberté et l'instruction n'étant le partage que du plus petit nombre, les vérités qu'ils énoncèrent ne purent s'étendre, et se conserver même, quand d'ailleurs ils n'eussent substitué des systèmes ingénieux à l'observation exacte de la vérité dans l'étude de la nature.

Ainsi, la domination des Romains, fruit de la violence et de la conquête, en changeant le sort des nations qu'ils se soumirent, ne put amener de changement en faveur de l'humanité : seulement les nations eurent d'autres maîtres.

Ainsi, l'irruption et l'établissement de nations barbares en Europe, ne pouvant produire que la barbarie, replongea les peuples dans l'ignorance.

Rien ne pouvant donc garantir la stabilité des progrès pour l'avenir, les nations changeaient de police et de mœurs, passaient de quelques essais de civilisation à la barbarie, et revenaient à quelques efforts vers la civilisation pour retomber dans la barbarie, sans que dans cette oscillation continuelle le genre humain gagnât pour son amélioration sociale.

Toujours des événemens venaient anéantir des efforts partiels et sans fondement. Dominés par de fausses opinions politiques, maîtrisés par la superstition des dogmes religieux, assujettis par des gouvernemens contraires aux droits naturels, entraînés par l'exemple, imbus de l'amour exclusif de la patrie, partagés en citoyens et en esclaves, sans cesse occupés de guerres d'ambition ou de rivalités, privés des moyens de s'instruire, séduits par leurs philosophes, qui créaient la nature au lieu de l'observer et qui substituaient les théories de leur imagination à son étude, les hommes ne seraient pas sortis d'un tel état d'être, si la découverte de l'imprimerie n'eût opéré un changement total dans l'intelligence : changement qui tendit, durant trois siècles, à la découverte des vérités fondamentales par l'étude de la nature, et enfin par la volonté de la raison d'en faire l'application aux sociétés politiques.

Aussi les annales du genre humain n'ont rien de mémorable comme les *premiers temps modernes* : aucunes ne présentent des événemens aussi intéressans pour l'humanité et pour le développement de la raison, aussi influens pour les générations à venir, et qui soient plus décisifs pour la perfectibilité possible de l'espèce humaine. En l'histoire de quel peuple trouver, comme dans l'*indépendance des États-Unis*, une révolution dont le but et le résultat, pour le peuple qui la fit, furent la liberté fondée sur les lois et sur les droits naturels de l'homme; et, pour les autres nations, l'influence inévitable de l'exemple de liberté, de prospérité et de bonheur d'un grand peuple, du rappel des hommes à la dignité de l'homme, et des nations à la majesté des peuples? Quel peuple de l'antiquité offrit, dans tout le cours de son existence, des événemens politiques et militaires plus grands, un développement plus rapide de l'intelligence, plus d'hommes illustres, que les *Français* depuis leur *révolution*, qui décidera des destinées de l'univers? car en France est la civilisation de l'Europe : autrement l'Europe tomberait insensiblement en décadence; alors l'Amérique serait appelée à briller à son tour, puisque tout tendrait à cet ordre de choses, que l'accomplissement de la révolution de France peut seul retarder. L'histoire n'a point, dans son ensemble, d'événemens importans ou glorieux qui puissent être comparés aux événemens des premières années du *nouveau siècle*, et pendant lesquelles les révolutions les plus étonnantes, et produites par les lumières, ébranlent deux vastes continens, changent la police, le caractère et les mœurs des grandes nations qu'ils renferment, et dont l'accomplissement sera pour l'humanité une nouvelle vie sociale dans l'intérêt de la liberté et de la raison : événement unique dans l'histoire, phénomène politique dans la perfectibilité progressive de l'espèce humaine, véritables richesses historiques que la philosophie peut seule mettre en valeur ; événement enfin si important par les résultats qu'il a déjà eus, mais si défiguré par les opinions de partis et par les passions des factions.

Mais c'est dans les trois derniers siècles de l'Europe, ou second âge de l'histoire ancienne, qu'il faut chercher et qu'on trouve les causes premières, générales et successives de la grande révolution présente des peuples, ou *histoire moderne* : vérité aussi évidente que le jour qui nous éclaire.

Il est impossible de ne point reconnaître que les temps, dans leur succession, ne sont que des conséquences les uns des autres. Que penser donc de ces esprits étroits qui ne voient dans la révolution qu'un événement du moment, et qui ne sauraient y voir une suite naturelle des temps antérieurs ? Semblables en cela à ces hommes dont l'intelligence est tellement bornée, qu'ils ne veulent pas voir les événemens tels qu'ils sont, c'est-à-dire, en juger les causes et les effets dans leur nature et dans leur état présent, et qui veulent cependant à toute force trouver des similitudes dans des événemens tout-à-fait dissemblables, et comparer ce qui ne peut l'être sous aucun rapport.

Dans la succession des temps, les événemens découlent les uns des autres, comme conséquences absolues ou relatives. Un fait n'est rien par lui-même, non plus que le point dans la ligne géométrique : il n'a de valeur que par son rapport avec ce qui précède et ce qui suit. Pour avoir méconnu cette vérité si simple, le plus grand nombre des historiens manque par le fondement. Si pour le commun des des hommes un événement est un fait isolé, pour l'historien, le politique et le philosophe, il est l'effet de causes antérieures. Telles éloignées que ces causes puissent paraître de leur nature, et par les résultats qu'ils avaient déjà eus, on y trouve l'élément des faits subséquens; car tout est lié dans la durée de l'existence des peuples. Sans cet esprit d'observation, on juge toujours mal : ignorant les causes premières, on ne peut connaître et encore moins juger les causes secondaires et leurs résultats. Pour savoir donc les causes premières des changemens dont nous sommes témoins depuis près d'un demi-siècle, il faut nécessairement connaître l'état politique et moral des nations Européennes et d'Amérique dans les temps anciens, puisque sans cette connaissance on ne pourrait juger ni apprécier ces changemens, et encore moins leur influence inévitable sur le sort des nations. L'étude de l'histoire faite dans cet esprit d'observation est d'autant plus importante pour tous les hommes, que par elle ils jugeront mieux les nouvelles opinions et la police nouvelle qui se seront établies, qu'ils pourront mieux apprécier les événemens, et préjuger ceux à venir. De même qu'il faut connaître les causes et les résultats des guerres pour juger les traités qui les ont terminées, de même il faut remonter aux temps préparateurs des révolutions sociales, pour bien connaître et apprécier les changemens survenus dans les lois, les mœurs, le caractère et l'intelligence des peuples.

Si nos histoires sont insipides, fastidieuses et monotones, attribuons-le moins encore au défaut de talent de ceux qui les écrivirent, qu'à la nature même des faits : ce qui vient de ce que, dans nos systèmes de gouvernement, les hommes n'étaient rien, tandis que chez les Grecs et les Romains le peuple était tout.

Mais l'histoire des trois derniers siècles de l'Europe ancienne, traitée même séparément, serait une histoire d'autant plus instructive, qu'elle développerait les causes motrices des révolutions présentes d'Europe et d'Amérique, et qu'elle est la partie la plus intéressante de l'histoire ancienne du genre humain.

Ainsi donc, *l'histoire ancienne* embrasse, 1°. les temps de l'antiquité, qui remplissent l'espace depuis les plus anciens peuples connus jusqu'à l'établissement des nations actuelles, par suite de l'irruption des nations germaniques, gothiques et scythiques en Europe ; 2°. les temps anciens, c'est-à-dire, depuis cet établissement jusqu'à la révolution présente des peuples d'Europe et d'Amérique : et la durée de ces deux temps compose la *première période* de l'histoire du genre humain.

L'histoire moderne comprend le temps présent, depuis la déclaration d'indépendance des États-Unis d'Amérique , qui commence le premier siècle de cette histoire, et la *seconde* des deux grandes périodes des annales du genre humain.

La division fondamentale de l'histoire, en ses *cinq* grandes périodes, est donc également naturelle et conforme au bon sens, parce qu'elle est indiquée par la nature même des événemens qui ont *quatre* fois changé la face du monde politique, et décidé des destinées des peuples, en présentant chaque fois un

nouvel univers à la mémoire et à la méditation.

Et comme dans ce partage de l'histoire en
temps de l'*antiquité*, en temps *anciens* et en
temps *modernes*, on aura pu remarquer, par
l'énoncé ci-dessus des phases de l'histoire, les
événemens qui subdivisaient ces temps par
époques distinctes, ces époques marqueront
naturellement leurs périodes, qui sont les *âges*
de ces temps. C'est ainsi que j'ai fait observer
que les temps de l'antiquité se divisaient en
trois âges : le *premier*, depuis les Éthiopiens,
les Égyptiens, les Assyriens, les Indiens, les
Scythes, et les nations les plus ancienaement
connues, jusqu'aux républiques de la Grèce ; le
second, depuis les républiques de la Grèce
jusqu'à l'établissement des Romains dans une
grande partie de la terre connue, ou autrement l'empire romain ; le *troisième*, depuis
l'empire romain jusqu'à la fondation des nations modernes, par suite de l'envahissement
des nations germaniques, gothiques et scythiques en Europe.

C'est ainsi que j'ai fait observer que les temps
anciens se divisent en *deux âges* : le *premier*,
depuis la fondation des nations modernes jusqu'à la découverte de l'imprimerie et de l'Amérique ; le *second*, depuis la découverte de l'im-

primerie et de l'Amérique , temps où les sciences et les arts apparaissent en Europe, où la police et les mœurs changent, jusqu'à l'indépendance des Etats-Unis d'Amérique et à la révolution de France, qui commencent l'*histoire moderne*.

Enfin, que l'histoire moderne, temps de l'*ère des peuples et de la raison*, seconde grande période du genre humain , se divise en *trois époques* : la *première*, depuis l'indépendance des États-Unis d'Amérique jusqu'à la révolution de France ; la *seconde*, depuis la révolution de France jusqu'à la fin de l'empire français ; la *troisième* comprendra les années depuis la fin de l'empire jusqu'à l'achèvement de la révolution actuelle des nations d'Europe et d'Amérique. Quand cette révolution sera accomplie , ces trois époques formeront le *premier âge* des temps modernes.

Voilà ce que le simple bon sens déduit de la connaissance de l'histoire pour indiquer les divisions *chronologiques* de l'histoire , d'après ses principaux *événemens* anciens et modernes , et les *faits* historiques d'où il enseigne qu'il faut partir comme points de vue philosophiques, pour ordonner politiquement la *chronologie* depuis les temps les plus anciens connus jusqu'aux temps présens.

C'est donc d'après ces *principes* qu'il convient d'ordonner maintenant la chronologie de l'histoire universelle, et par suite de l'histoire de chaque peuple ; car l'histoire personnelle d'une nation n'est, encore une fois, qu'un chapitre de l'histoire générale du genre humain, et la philosophie ne saurait considérer autrement l'histoire particulière de chaque nation. Mais tant qu'on suivra une chronologie qui ne s'appuie sur rien dans ses élémens, on perdra de vue le jour sous lequel il faut voir l'histoire, science politique et morale de la vie des sociétés humaines dans leur ensemble de liaisons et de continuité.

Mais c'est principalement pour la partie de l'histoire, présentement encore si faussement nommée histoire moderne, quoique réellement devenue histoire ancienne, qu'il serait bon de suivre une chronologie qui soit en rapport exact avec les changemens qui se sont opérés dans la police, les mœurs et l'intelligence des peuples actuels de l'Europe et de l'Amérique, et qui marque bien la différence des temps par l'influence des événemens ; car la chronologie adoptée et suivie par tous les historiens est fausse en elle-même, en ce qu'elle intervertit les divisions naturelles des faits historiques, en ce qu'elle partage l'histoire là où il ne saurait

être de divisions , en ce qu'elle tient à un système religieux , et non aux époques vraies des
temps dans l'histoire des nations ; enfin , en ce
qu'elle a fait multiplier les divisions contre
tout raisonnement. En effet , en appliquant les
principes vrais de la chronologie à la rectification de la chronologie des temps européens , qui nous intéressent particulièrement,
on trouve que ce que les historiens nomment
le cinquième siècle, en datant de la naissance
du christianisme , est au contraire et réellement
le *premier* siècle des nations européennes et de
leur histoire, parce qu'alors elles commencèrent : conséquemment que la fin du dix-hui-
tième siècle selon les historiens, époque de
l'histoire moderne , est exactement la fin du
quatorzième.

Telles sont les bases que j'adopterais pour
établir la chronologie de l'histoire universelle,
et en particulier la chronologie des peuples actuels, en les appliquant à la date des événemens généraux et particuliers , et à la rectification des dates suivies jusqu'à présent. Ce serait moins une innovation qu'un retour au bon
sens ; car ces bases chronologiques sont tellement fondées en raisonnement, qu'il fallut
tout l'empire de la religion et le crédit des
prêtres pour substituer à la vérité des faits une

chronologie que rien ne peut justifier , parce qu'elle est contraire aux faits historiques et à la connaissance que les nations modernes ont de leur origine et de leur commencement. En effet , quand le christianisme prit naissance et s'établit en Europe , les Gaules , la Germanie , l'Espagne , la Lusitanie , la Belgique , l'Helvétie , la Bretagne , la Sarmatie , la Scandinavie , la Grèce , l'Italie et la Macédoine , sujettes des Romains , étaient habitées par une multitude de petites nations, que l'irruption des barbares firent disparaître quatre siècles après par la conquête ou l'incorporation ; et ce ne fut qu'après la possession et l'établissement des barbares que parurent les nouveaux peuples : les Français, les Italiens, les Allemands, les Espagnols, les Portugais , les Belges , les Hollandais, les Suisses , les Polonais, les Suédois, les Danois et les Anglais. Ce fut donc , je le répète , une grande erreur historique d'avoir pris la naissance du christianisme, qui ne fut la religion des peuples actuels de l'Europe qu'après leur établissement, c'est-à-dire, plusieurs siècles après sa naissance , pour base de la chronologie générale de ces peuples, tandis que leur histoire commence de fait aux temps où ils se formèrent, lors de la destruction de l'empire d'Occident. Les temps antérieurs à cette époque ne sont point les leurs, puisque ces peuples n'existaient pas.

Conséquemment, appliquer ces bases de chronologie, ainsi rectifiée, à l'histoire particulière de chaque peuple, en prenant pour époques les événemens principaux qui ont influé d'une manière décisive sur sa police, ses mœurs, son génie et ses connaissances ; car il ne faut jamais oublier que l'histoire est la chose des peuples, non celle des rois et des chefs des états : ce sont les événemens qui ont eu de l'influence sur le sort d'une nation , qui fixent naturellement et véritablement les époques de sa chronologie, et non les temps du règne plus ou moins désastreux ou brillant de tel de ses rois.

Mais quoique l'historien , telle histoire qu'il écrive désormais, ne doive plus considérer les temps qui commencent que comme entièrement séparés des temps qu'ils ont finis , ces temps ne se rattachent pas moins à la continuité des temps dans leur ordre de succession ; car l'histoire politique du genre humain n'est qu'une suite non interrompue de faits dans leur ensemble , leur liaison , leur durée, et ne forme qu'une seule histoire composée de l'histoire de chaque peuple , parce que les peuples ne sont que des familles de la société humaine , les temps sont des conséquences nécessaires les uns des autres, et le genre humain ne cesse point d'être, comme peuvent cesser politiquement les nations, qui ne sont que des familles.

En négligeant ici les temps de l'antiquité, voici, monsieur, dans quel ordre je conçois que la chronologie des *peuples européens* pourrait être établie, d'après les bases que je viens de vous exposer. Je n'indique que les divisions premières.

Histoire ancienne.

ÉVÉNEMENS.	AGE DE L'EUROPE.	AVANT l'ère moderne.	CHRONOLOGIE ancienne.
PREMIER AGE. — *Période*, 1000 *ans.*			
Établissement des peuples européens.	1er. siècle.	Treize siècles.	5e. siècle.
DEUXIÈME AGE. — *Période*, 300 *ans.*			
Invention de l'Imprimerie, et découverte de l'Amérique.	11e. siècle.	Trois siècles.	15e. siècle.

Histoire moderne ou des peuples

ÈRE DES PEUPLES.		AGE de l'Europe depuis l'établissement.	ÉVÉNEMENS.	CHRONOLOGIE ancienne.
De l'indépendance des États-Unis.	De la révolution de France.			

PREMIÈRE ÉPOQUE. — *Période, 13 ans.*

ANS. 1er. (premier mois de l'été.)	»	14e. siècle.	Indépendance des États-Unis d'Amérique.	4 juillet 1776 (fin du 18e. siècle).

DEUXIÈME ÉPOQUE. — *Période, 26 ans.*

13.	ANS. 1er. (3e. mois du printemps.)	14e. siècle.	Assemblée constituante.	17 juin 1789 (fin du 18e. siècle).
16.	4. (1er. mois d'automne.)	»	Fondation de la république.	22 septembre 1792.
28.	15. (2e. mois du printemps.)	15e.	Gouvernement impérial.	18 mai 1804 (19e. siècle).
39.	26. (3e. mois du printemps.)	»	Fin du gouvernement impérial.	22 juin 1815 (19e. siècle).

TROISIÈME ÉPOQUE. — *Période.......*

39.	26. (3e. mois du printemps.)	15e. siècle.	Envahissemt. de la France.	Juin 1815 (19e. siècle.)

J'ai dénommé les mois par leur ordre dans les saisons, pour conserver l'harmonie dans le système chronologique que je propose, et vous reconnaîtrez que cette dénomination coïncide avec l'annuaire français créé par la convention nationale, et qui eut l'avantage précieux d'être conforme aux calculs astronomiques. A l'exemple des Grecs, qui comptaient par olympiades depuis l'établissement de leur véritable existence politique, on pourrait compter par *franciades* les temps depuis la révolution de France, cette révolution ayant commencé une *nouvelle ère* pour l'Europe, et les Français ayant devancé les autres nations européennes dans leur révolution. Chaque franciade comprendrait une révolution de quatre années, durée exacte de la révolution solaire. La convention nationale avait établi ces franciades dans sa division de l'année pour la France ; mais ce ne sera que lorsque la révolution européenne s'accomplira, que les nations se rapprocheront par des institutions semblables, car seulement alors les peuples de l'Europe ne formeront qu'une famille.

Je termine cette longue lettre, monsieur, en appelant de nouveau votre attention sur les observations que je vous soumets, ainsi qu'aux esprits sains, amis de la vérité et des progrès de la raison, sur la manière d'établir désormais la *chronologie*. Un jour, sans doute, la voix de la raison prévaudra sur l'irréflexion, sur l'érudition sans philosophie, et sur l'habitude. Mais si je puis aujourd'hui avoir votre suffrage, je croirai, monsieur, avoir trouvé la vérité, et je ne désespérerai pas que le système que je propose ne prévale sur les chronologies adoptées.

Je vous salue avec toute l'estime et la considération que je porte à votre savoir et à votre philosophie.

BONNIN.

LIVRES NOUVEAUX

LA SAINTE BIBLE.

Il n'existe qu'un très-petit nombre d'éditions françaises de la
Bible d'un format portatif, et pas une seule qui réunisse à la mo-
dération du prix la perfection de l'exécution. On a donc cru vrai-
ment utile d'en publier une qui pût être regardée comme un mo-
nument distingué de la typographie, et dont toutefois l'acquisi-
tion ne fût pas dispendieuse. Aun de parvenir à ce but, on a fait
choix d'un petit caractère, mais dont la netteté en rend la lecture
facile; et l'on a publié la Bible en deux formats, *in-octavo* et
in-dix-huit.

Ces deux éditions contiennent chacune tous les livres de l'An-
cien et du Nouveau Testament, la table des noms propres, hé-
breux ou grecs, employés dans la Bible, avec leur signification;
et une table analytique des matières traitées dans les livres saints.

Prix en papier fin satiné. . . . . 24 fr.
—— en papier vélin 48

L'édition in-dix-huit forme sept volumes d'environ 500 pages
chacun. Prix en beau papier coquille *satiné* . . . . 24 fr. 50 c.

ŒUVRES DE MOLIÈRE, avec un Commentaire, un Discours
préliminaire et une Vie de Molière; par M. AuGER, de l'académie
française. Neuf volumes in-8., imprimés par Firmin Didot, ornés
d'un portrait gravé, d'après Mignard, par Lignon, et de seize
estampes d'après Horace Vernet.

Les trois premiers volumes paraissent (décembre 1819). Le
prix de chaque volume broché et *satiné* est, pour les Souscripteurs,
de 10 fr. papier fin, 18 fr. pap. vélin, 25 fr. grand pap. vél., fig.
avant la lettre : il sera ajouté, pour le port, 2 fr. par volume.

ESSAIS DE MONTAIGNE, un vol. in-8 d'environ 500 pag.,
imprimé à deux colonnes, en caractère Mignonne, sur papier
grand-raisin satiné, orné d'un beau portrait de Montaigne, gravé
par Leroux. Ce volume contient les *Essais*, les *Lettres de Montaigne*, la *Servitude volontaire*, ou le *Contr'un*, par La Boëtie;
l'*Éloge de Montaigne* par M. Jay, la *Préface de mademoiselle de
Gournay*, un *Extrait* de celle de Naigeon, un *Glossaire* et une
nouvelle *Table des Matières.*

Prix : en papier ordinaire. . . . . 24 fr.
en beau papier collé 36
idem, vélin. 48

Le même ouvrage, 4 vol. in-18, caractère interligné,
imprimé sur très-beau papier coquille, satiné et orné
du portrait de Montaigne. 20

Il y a des exemplaires reliés par Thouvenin et autres